BEI GRIN MACHT SICH IHR WISSEN BEZAHLT

AF126124

- Wir veröffentlichen Ihre Hausarbeit,
  Bachelor- und Masterarbeit

- Ihr eigenes eBook und Buch -
  weltweit in allen wichtigen Shops

- Verdienen Sie an jedem Verkauf

Jetzt bei www.GRIN.com hochladen
und kostenlos publizieren

GRIN

Der Stakeholder-Ansatz, die Globe-Studie sowie die Unternehmens- und Lernkultur

Nathalie Chatman

Bibliografische Information der Deutschen Nationalbibliothek:

Die Deutsche Nationalbibliothek verzeichnet diese Publikation in der Deutschen Nationalbibliografie; detaillierte bibliografische Daten sind im Internet über http://dnb.d-nb.de abrufbar.

ISBN: 9783346542724
Dieses Buch ist auch als E-Book erhältlich.

Prüfungsform: Sonderprüfung - Einsendeaufgabe

Titel oder Aufgabennummer: Alternative C aus dem Aufgabenkatalog

Datum der Abgabe im Prüfungssekretariat: 17.04.20

SRH Fernhochschule Riedlingen

Studiengang: Wirtschaftspsychologie

Modul: Unternehmenskultur und Wirtschaftsethik

Von

Name: Nathalie Chatman

Inhaltsverzeichnis

1 Teilaufgabe 1

1.1 Der Stakeholder-Ansatz

Das Stakeholder-Konzept wurde 1984 durch das Buch *Strategic Management: A Stakeholders Approach* von R. Edward Freeman veröffentlicht. Nach Freeman ist ein Unternehmen auf strategischer Ebene effektiver zu managen, wenn man dabei die Interessen der unterschiedlichen Anspruchsgruppen berücksichtigt. Letztlich haben auch die Shareholder, die Aktionäre oder Anteilseigner, einen Vorteil davon.[1] Die verschiedenen Anspruchsgruppen werden als Stakeholder bezeichnet.[2]

Abbildung 1:   *Interne und externe Stakeholder*
                 (Quelle: https://studienstgallen.tumblr.com/image/149601537187)

Anmerkung der Redaktion: Die Abbildung wurde aus urheberrechtlichen Gründen entfernt.

Zu den Anspruchsgruppen zählen jegliche externen und internen Personengruppen, die durch das Handeln des Unternehmens in irgendeiner Weise betroffen sein und zugleich die Unternehmensziele selbst beeinflussen können.[34] Dazu gehören die Mitarbeiter, Kunden, Lieferanten, Medien, Gesellschaften, Behörden und Gläubiger der Gesellschaft.[5] Die Unternehmensführung und die Stakeholder stehen in wechselseitiger Beziehung und beeinflussen sich gegenseitig. Hierdurch wird deutlich, dass Unternehmen innerhalb einer Gemeinschaft wirken und ein harmonisches Miteinander größere Zufriedenheit zur Folge hat.[6] Nach dem Stakeholder-Ansatz ist es die Aufgabe der Unternehmensleitung die Interessen der Stakeholder zu bündeln und sie in angemessener Weise am Handeln und dem Erfolg des Unternehmens zu beteiligen.[7] In diesem Zusammenhang soll nicht die Gewinnmaximierung das oberste Unternehmensziel sein, sondern die Verbesserung des Allgemeinwohls.[8]

---

[1] Vgl.: Russel-Walling, E.: 2007, S. 160
[2] Vgl.: Wöhe, G., Döring, U.: 2010, S. 7
[3] Vgl.: Wöhe, G., Döring, U.: 2010, S. 21
[4] Vgl.: Wien, A., Franzke, N.: 2014, S, 95
[5] Vgl.: ebenda
[6] Vgl.: Russel-Willing, E.: 2007, S. 160
[7] Vgl.: Wöhe, G., Döring, U.: 2010, S.51
[8] Vgl.: Wöhe, G., Döring, U.: 2010, S. 50

1.2 Pflichtethik

Die Pflichtethik wurde durch den deutschen Philosoph Immanuel Kant begründet. Um eine Handlung danach zu bewerten, ob sie moralisch gut oder schlecht ist, soll laut Kant der Kategorische Imperativ angewendet werden.[9] Der Kategorische Imperativ besagt: „handle nur nach derjenigen Maxime, durch die du zugleich wollen kannst, dass sie ein allgemeines Gesetz werde."[10][11] Dies bedeutet, dass man nur so handeln soll, wie man möchte, dass jeder per Gesetz handeln sollte. Der Kategorische Imperativ bildet somit den Leitsatz für ethisches Handeln.[12] Jedoch stellt er lediglich eine strukturelle und keine inhaltliche Regel dar. Dies meint, dass er keinen expliziten Inhalt angibt, was man tun soll oder zu unterlassen hat, wie z. B. die Zehn Gebote.[13] Laut Kant müsse eine Handlung in jeder Situation wieder von Neuem beurteilt werden, ohne dass man sich dabei auf Regeln beruft.[14] Außerdem handelt man hier moralisch, wenn man einen Menschen nicht als Mittel zum Zweck, sondern nur als Selbstzweck betrachtet.[15] Die Pflichtethik als Teil der deontologischen Ethik besagt, dass es einen Maßstab von Gut und Böse gibt, welcher in Regeln und Verboten, welche Verpflichtungen darstellen, seinen Ausdruck findet. Außerdem schreibt die deontologische Ethik vor, dass Regeln, wie z. B. nicht lügen, unabhängig ihrer Folgen einzuhalten sind.[16] Denn laut Kant kann nur jenes moralisch beurteilt werden, was man selbst beeinflussen kann. Da die Folgen von diversen äußeren Faktoren bestimmt werden, kann man sie niemals vollständig selbst beeinflussen und man ist demnach auch nicht vollständig dafür verantwortlich zu machen.[17] Zudem handelt moralisch, wer aus Pflicht handelt, denn nur wer sich seinen natürlichen Neigungen widersetzt ist frei.[18] D. h., wer ohne Neigungen oder Eigeninteresse agiert, handelt moralisch.[19]Neigungen bezeichnen die natürlichen Triebfedern,

---

[9] Vgl.: Lüthy, H.: 2016, S. 36
[10] Frankena, W. K.: 2017, S. 30
[11] Pleger, W.: 2020, S.115
[12] Vgl.: Conrad, C.A.: 2016, S.25
[13] Vgl.: Lüthy, H.: 2016, S. 38
[14] Vgl.: Frankena, W. K.: 2017, S. 18
[15] Vgl.: Lüthy, H.: 2016, S.38
[16] Vgl.: Krisch-Hutterer, R.: 2007, S. 7 f.
[17] Vgl.: Holzmann, R.: 2015, S. 41
[18] Vgl.: Holzmann, R.: 2015, S. 49
[19] Vgl.: Krisch-Hutterer, R.: 2007, S. 8

Begierden und Empfindungen eines Menschen.[20][21] Die Pflicht bezeichnet einen Bestimmungsgrund des Handelns, entstehend aus dem Erkennen und der Einsicht in das moralische Handlungsprinzip.[22]

1.3 Utilitarismus

Der Utilitarismus bildet eine ethische Konzeption, bei der sich das Nützliche mit dem Gutem verbindet. Der Nutzen stellt hier den Maßstab allen moralischen Handelns und Entscheidens dar, wobei die Nutzenmaximierung und Leidminimierung im Vordergrund stehen.[23] Der Utilitarismus kommt einer materialistischen Weltanschauung nach, da man den materialistischen Rationalismus als Begleitphänomen des Erwerbssinnes und Liberalismus auffassen kann.[24] Er gilt heute als bedeutsame Basis menschlichen Handelns und Denkens in weiten Teilen der Welt.[25] Relevant für diese ethische Denkweise ist nicht die Handlung selbst, sondern die Konsequenzen in Bezug auf Freude und Leid aller Personen stehen hier im Mittelpunkt der Betrachtung.[26] Eine Handlung ist dann moralisch gut, wenn sie Freude oder das Wohlergehen aller fördert und ein höheres Maß an positiver gegenüber negativer Folgen hat.[27] Dies bedeutet, dass immer jene Handlung die moralischste ist, die nach der Gegenüberstellung mit anderen Handlungsoptionen am meisten Freude oder Glück und am wenigsten Leid zur Folge hat.[28] Somit könnte man negative Handlungen wie Töten, Lügen oder Kinderarbeit mithilfe des Utilitarismus rechtfertigen. Außerdem folgt der Utilitarismus vier Grundprinzipien:[29]

1. Konsequenzprinzip: es wird anhand der Folgen bewertet, ob eine Handlung gut oder schlecht ist.

---

[20] Vgl.: Bauer, T., Arenberg, P.: 2018, S. 24
[21] Vgl.: Holzmann, R.: 2015, S. 49
[22] Vgl.: ebenda
[23] Vgl.: Weiß, G., Zirfas, J.: 2020, S. 215
[24] Vgl.: Kuttner, A.: 2015, S. 49 f.
[25] Vgl.: Lüthy, H.: 2016, s. 43
[26] Vgl.: Weiß, G., Zirfas, J.: 2020, S. 217
[27] Vgl.: Frankena, W. K.: 2017, S. 35
[28] Vgl.: Conrad, C. A.: 2016, S. 34
[29] Vgl.: Holzmann, R.: 2015, S.48 f.

2. Utilitaritätsprinzip: die Folgen sind moralisch gut, wenn sie in Komparation mit den Folgen einer anderen Handlungsoption einen größeren Nutzen für die Menschen haben.

3. Hedonismusprinzip: die Menschen haben dann einen Nutzen bzw. eine Verbesserung, wenn sie das bekommen, was sie wollen (z. B. Zufriedenheit, Glück, etc.)

4. Allgemeinheitsprinzip: Hierbei soll sich nicht nur die Situation einzelner, sondern möglichst der Gesamtheit der Menschen verbessern.

1.4 Vereinbarkeit der Stakeholder-Theorie mit der Pflichtethik und dem Utilitarismus

Da die Pflichtethik von Kant verlangt, dass Menschen niemals als Mittel zum Zweck betrachtet werden sollen, ist sie mit dem Stakeholder-Ansatz vereinbar. Sie könnte sogar als Basis des Stakeholder-Ansatzes gesehen werden. Dies bedeutet, dass alle Stakeholder, also die Kunden, Mitarbeiter, Lieferanten, Anwohner etc. nicht nur als Mittel zum Zweck betrachtet werden sollen. Vielmehr sind sie Anspruchsgruppen mit jeweils eigenen Interessen, Vorstellungen und Zielen. Diese gilt es als Unternehmen anzunehmen und den Anspruchsgruppen in angemessener Weise ein bestimmtes Maß an Einflussnahme zu gewähren. Hierbei ist es bedeutsam, den Stakeholdern würdevoll auf Augenhöhe und mit Wertschätzung zu begegnen. Folgt man in der Stakeholder-Theorie der Pflichtethik, so handelt man dann moralisch, wenn man aus Pflicht und ohne Eigeninteresse handelt. Dies bedeutet, dass z. B die Gewinnmaximierungsabsicht des Unternehmens, die sonst nur den Shareholdern zu Gute kommen würde, zurückgestellt wird und z. B. die Sicherstellung von Arbeitsplätzen oder die Versorgung der Kunden mit wichtigen und lebensnotwendigen Produkten wie etwa Lebensmittel, Drogerieartikel oder Medikamente, in den Vordergrund rücken. Oberstes Unternehmensziel stellt hier die Steigerung des Wohls aller Interessengruppen, also des Allgemeinwohls dar, wofür sich das Unternehmen und dessen Vertreter selbst verpflichten.

Um ein Unternehmen als Praxisbeispiel zu nennen, das die Kant'sche Pflichtethik und den Stakeholder-Ansatz in sich vereint, eignet sich dm Drogeriemarkt GmbH & Co. KG. Folgendes Zitat des Unternehmensgründers Götz. W. Werner zeigt, dass der Mensch auch in seinen Augen niemals als Mittel zum Zweck dienen darf: *„Wenn es keine Menschen gäbe, gäbe es keine Wirtschaft. Folglich ist die Wirtschaft für den Menschen da und nicht umgekehrt.“*[30] In seinem Sinne soll das Unternehmen mit Kunden, Handelspartnern und Mitarbeitern so zusammenarbeiten, dass dm als Gemeinschaft vorbildlich in seiner Umwelt handelt.[31] Also soll so gehandelt werden, wie man möchte, dass jeder handeln sollte. Auch das Motto „hier bin ich Mensch, hier kauf ich ein“ macht deutlich, dass sich dm in seinen sämtlichen Beziehungen zu Mitarbeitern, Kunden, Umwelt und übrigen Stakeholdern zur Mitmenschlichkeit und Partnerschaftlichkeit verpflichtet fühlt.[32] Außerdem steht das sinnvolle Handeln und die Übernahme von Verantwortung im Mittelpunkt. Dies wird erreicht durch ökonomisches, ökologisches, kulturell und sozial nachhaltiges Handeln. In Übereinstimmung mit dem Stakeholder-Ansatz sieht sich dm als Teil einer Gemeinschaft und möchte durch sein Handeln einen Beitrag zu einer lebenswerten Gesellschaft leisten.[33]

Im Gegensatz zur Pflichtethik steht beim Utilitarismus nicht die Handlung selbst im Mittelpunkt der Betrachtung, sondern dessen Folgen. Da die Stakeholder hier als Mittel zum Zweck betrachtet werden können, ist der Utilitarismus mit der Stakeholder-Theorie sehr gering vereinbar. Dennoch wird eine Handlung als moralisch gut bewertet, wenn sie für die größte Zahl an Beteiligten bzw. Stakeholdern Freude oder Glück bzw. einen Vorteil mit sich bringt. Dies erfordert, dass in manchen Fällen das Wohl einer oder mehrerer Anspruchsgruppen geopfert werden muss. Ein Beispiel hierfür wäre die Kinderarbeit in einem Entwicklungsland zur Herstellung von Produktionsteilen, die in Deutschland weiterverarbeitet werden sollen. Durch den Utilitarismus ist die Kinderarbeit moralisch in Ordnung, sogar gerechtfertigt, wenn durch sie das Allgemeinwohl steigt und nur wenig Leid im Vergleich zur Freude erzeugt wird. Zwar leiden die

---

[30] dm Drogeriemarkt GmbH & Co. KG, (Stand: 16.04.2020), dm.de
[31] Vgl.: ebenda
[32] Vgl.: dm Drogeriemarkt GmbH & Co. KG, (Stand: 16.04.2020), dm.de
[33] Vgl.: ebenda

Kinder als verhältnismäßig kleinere Anspruchsgruppe, jedoch steigt das Wohl der anderen, durch günstigere Preise für den Endverbraucher, was zu einer höheren Wettbewerbsfähigkeit des Unternehmens am Markt führt, was wiederum Arbeitsplätze sichert. Außerdem kann durch die Kinderarbeit auch in der Hinsicht ein Nutzen entstehen, dass in manchen Teilen der Erde Familien darauf angewiesen sind, ihre Kinder zur Arbeit zu schicken um zu überleben. Ohne die Kinderarbeit wären sie unfähig sich ausreichend ernähren zu können.

2 Teilaufgabe 2

2.1 Die GLOBE-Studie

Die GLOBE-Studie wurde 1991 durch einen Zusammenschluss von Wissenschaftlern und ursprünglich von Robert House konzipiert, an der Wharton School of Management in den USA begonnen.[34] An der Studie sind 170 Wissenschaftler aus 60 Ländern, allen Kontinenten und wichtigen Kulturkreisen beteiligt.[35] GLOBE steht für Global Leadership and Organizational Behavior Effectiveness Program, was Hinweis auf das Ziel der Studie gibt. Mit dieser noch laufenden Studie wird untersucht, ob ein Zusammenhang zwischen der Landeskultur und der Personalführung existiert.[36] Die GLOBE-Studie vergleicht nicht nur verschiedene Kulturen, sondern untersucht auch Führungsstile und deren Akzeptanz in den unterschiedlichen Kulturkreisen.[37] Es wird also auch erforscht, ob ein internationaler akzeptierter Führungsstil existiert.[38] Zur Ermittlung der Kulturdimensionen wurden rund 17.000 Manager der mittleren Managementebene verschiedener Unternehmen in 62 Ländern und drei Branchen befragt.[39] Zu den Branchen zählen die Lebensmittelindustrie, die Telekommunikationsbranche und das Finanzwesen.[40] Es wurden, mittels rund 300 Fragen zu den Themen Landes- und Organisationskultur sowie Führung,

---

[34] Vgl.: Brodbeck, F.: 2016, S. 56
[35] Vgl.: Steyerer, J. et al.: 2007, S. 403
[36] Vgl.: House, R.: S. 171 f.
[37] Vgl.: Hagemann, K. et al.: 2014, S. 103
[38] Vgl.: Brodbeck, F.: 2016, S. 62
[39] Vgl.: Reimer, A.: 2005, S.36 ff.
[40] Vgl.: Hagemann, K. et al.: 2014, S. 101

Daten erhoben. Hierbei wurden die Praktiken und Werte der jeweiligen Gesellschaft differenziert.[41] Folglich wurden die neun folgenden Dimensionen identifiziert:[42]

1. Unsicherheitsvermeidung
2. Machtdistanz
3. Institutioneller Kollektivismus
4. Gruppen-/Familienbasierter Kollektivismus
5. Gleichberechtigung
6. Bestimmtheit
7. Zukunftsorientierung
8. Leistungsorientierung
9. Humanorientierung

Anhand der jeweiligen Ausprägung der Dimensionen lassen sich Kulturen messen und dementsprechend abbilden, beschreiben und dadurch ebenfalls miteinander vergleichen.

Weiter wurden durch die Studie sechs Dimensionen effektiver Führung ermittelt. Die erste und wirkungsvollste Dimension, Charismatisch, gibt das Ausmaß an, in dem Mitarbeiter basierend auf positiven Werten und hohen Leistungserwartungen motiviert und inspiriert werden. Zu den Führungsmerkmalen einer charismatischen Führungskraft zählen leistungsorientiert, Visionär, inspirierend, integer, selbstaufopfernd und bestimmt. Die zweite Dimension, Teamorientiert, gibt das Ausmaß an, in dem gemeinsame Ziele und Zwecke implementiert und Teams entwickelt werden. Hier zählen Team integrierend, kollaborativ, administrativ kompetent, diplomatisch und böswillig (rekodiert) zu den Führungsmerkmalen.[43] Auf die übrigen Dimensionen Partizipativ, Humanorientiert, Autonomieorientiert und Defensiv wird an dieser Stelle nicht weiter eingegangen.

---

[41] Vgl.: Reimer, A: 2005, S. 36 ff.
[42] Vgl.: Kutscher, M. et al.: 2008, S. 742 ff.
[43] Vgl.: Brodbeck, F.: 2006, S. 21

2.2 Ergebnisse der GLOBE-Studie

Durch die Ergebnisse der Studie konnte gezeigt werden, dass die charismatische und teamorientierte Führung weltweit fast durchgängig als sehr effektiv angesehen wird. Jedoch wird die partizipative Führung insgesamt als effektiver angesehen. Hierbei sind allerdings die stärkeren Unterschiede zwischen einzelnen Kulturregionen oder Kulturen deutlich.[44] Hierdurch scheint die ursprüngliche Hypothese von Robert House, der charismatische Führungsstiel ist in den meisten Kulturen ein wünschenswerter Stil, als bewiesen.[45] Die Daten der Studie stützen dem Anschein nach die Betrachtungsweise, dass es global effektive Führung gibt. [46]Zudem wollte House die Generalisierbarkeit dieses Führungsstils überprüfen. Dies konnte die GLOBE-Studie allerdings nur teilweise belegen.[47]

Weitere Ergebnisse der GLOBE-Studie zeigen, dass organisationale Werte und Praktiken sich sehr stark mit den gesellschaftskulturellen Praktiken und Werten jener Länder entsprechen, in denen die Organisationen angesiedelt sind. Der Einfluss der Branche auf die Organisationskultur ist circa zehn Mal geringer als der gesellschaftskulturelle Einfluss.[48] Dies bedeutet, dass effektive Führung primär von der Gesellschaftskultur abhängt. Sekundär wird sie durch die Organisationskultur beeinflusst.[49]

2.3 Empfehlungen für Manager basierend auf den GLOBE-Ergebnissen

Da laut den Ergebnissen der Studie die zwei Führungsstile charismatisch und teamorientiert als universell gelten, d. h. in allen Kulturregionen und Ländern gleichermaßen sehr positiv beurteilt werden, empfiehlt es sich diese universellen Führungsmerkmale als Grundlage zu nutzen um grenzüberschreitende und international vergleichbare Führungsstandards zu entwickeln. [50] Für erfolgreiche

---

[44] Vgl.: Brodbeck, F.: 2006, S. 18
[45] Vgl.: Achouri, C.: 2015, S. 255
[46] Vgl.: Brodbeck, F.: 2008, S. 20
[47] Vgl.: Achouri, C.: 2015, S. 257
[48] Vgl.: Brodbeck, F.: 2006, S. 17 f.
[49] Vgl.: Brodbeck, F.: 2006, S. 21
[50] Vgl.: Brodbeck, F.: 2006, S. 24

Führung in einer globalisierten Welt ist es jedoch essentiell hier ebenfalls Erkenntnisse aus regionalen Untersuchungen über effektive Führung und organisationale Praktiken des jeweiligen Kulturkreises oder Landes zu integrieren.[51] Zur Nutzung der Ergebnisse der Studie als Wissensgrundlage für internationale Organisationsentwicklung ist es angeraten eine Doppelstrategie zu verfolgen:[52]

1. Basierend auf kulturvergleichenden Studien wie GLOBE eine Grobeinschätzung über sichtbare Unterschiede der kulturellen Werte und Praktiken vornehmen und dabei auch kulturelle Trends einbeziehen. Signifikante Unterschiede und gegenläufige Trends stellen einen Mehraufwand bei der Vorbereitung und Durchführung eines Projektes dar.
2. Da die kulturvergleichende Perspektive nicht genügt, muss auch die kulturspezifische Perspektive eingenommen werden. Hierfür werden die regional gelebten und die als effektiv angesehene Führung und organisationale Praktiken bestimmt und in die Organisationsentwicklung einbezogen.

Hierbei ist anzumerken, dass zur erfolgreichen internationalen Führung es auch notwendig ist, den Fokus nicht nur auf die Unterschiede, sondern auch auf die Gemeinsamkeiten bezüglich Werten und Trends zu setzen. Hierdurch kann schrittweise eine gemeinsame Wertebasis erarbeitet werden. Außerdem sollten auch über die Projektziele hinaus Kriterien eines gut ablaufenden Prozesses und deren Relevanz im jeweiligen kulturellen Umfeld sowie Zuständigkeiten und Kommunikationsregeln ausgearbeitet werden. Im Vorfeld sollten auch Vereinbarungen darüber getroffen werden, welche Bewältigungsstrategien einer auftretenden Problematik angewendet werden sollen und wie dann weiter verfahren werden soll. Bei der Kooperation zwischen Kulturen mit extremen Differenzen ist es empfohlen, für beide Kulturen jeweils einen Manager einzuplanen, der sowohl in seiner eigenen Kultur als auch in der fremden Kultur über ausreichend Kenntnisse und Erfahrungen verfügt.[53]

---

[51] ebenda
[52] Vgl.: Brodbeck, F.: 2006, S. 30
[53] Vgl.: Brodbeck, F.: 2006, S. 30

3 Teilaufgabe 3

3.1 Unternehmenskultur nach Schein

Nach Schein ist die Unternehmenskultur ein Muster von Grundannahmen, auch als Grundprämissen bezeichnet, das von einer Gruppe bei der Bewältigung ihrer Herausforderungen durch externe Anpassungen und interne Integration erlernt worden ist, und bisher so gut funktioniert hat, dass es als bindend gilt.[54] Aus diesem Grund wird es an neue Gruppenmitglieder als korrekter Denk-, Wahrnehmungs- und Betrachtungsansatz in Bezug auf diese Herausforderungen weitergegeben.[55] Demnach sind von einer Gruppe gemeinsam geteilte grundlegende Denk-, Handlungs- und Wahrnehmungsweisen, die sich aus den gemeinsam geteilten Überzeugungen ergeben, die Unternehmenskultur. Diese Grundannahmen bilden den Kern der Unternehmenskultur, welcher sich in einem Werte- und Normensystem manifestiert aus dem sich wiederum konkrete Handlungsweisungen im Unternehmen ableiten lassen.[56]

Abbildung 2:   Scheins Drei-Ebenen-Modell
(Quelle: Hagemann, K. et al.: 2014, S. 21)

---

[54] Vgl.: Homma, N. et al.: 2014, S. 5
[55] Vgl.: Wien, F. et al.: 2014, S. 12
[56] Vgl.: Ritz.: 2012, S. 48

Zur Veranschaulichung der Unternehmenskultur hat Schein das Drei-Ebenen-Modell entwickelt, welches sich mit einem Eisberg vergleichen lässt. Die drei Ebenen Artefakte, Normen und Werte und Grundannahmen bilden zusammen die Unternehmenskultur bzw. den Eisberg.[57]Auf der untersten Ebene, welche nicht sichtbar ist, befinden sich die Grundannahmen, welche unbewusst sind, als selbstverständlich gelten sowie als Orientierung für Werte und Handlungen dienen.[58] Auf der mittleren Ebene befinden sich die Normen und Werte, welche teilweise sichtbar sind. Sie wirken handlungsweisend und dienen den Organisationsmitgliedern als Orientierung zu unterscheiden, was im Sinne der Unternehmenskultur als richtig oder falsch zu bewerten ist und beeinflussen folglich das Verhalten der Mitglieder.[59] Auf der obersten Ebene befinden sich die Artefakte. Hierzu zählen z. B. Sprache, Architektur, Symbole, Logos, das öffentliche Auftreten, Strukturen, Rituale etc..[60] Hierdurch wird die Unternehmenskultur erst sichtbar. Jedoch wird die Bedeutung der Artefakte erst verständlich, wenn man sich intensiv mit den Normen, Werten und Grundannahmen beschäftigt. Denn diese sind nötig um die Artefakte in ihrer tieferen Bedeutung interpretieren und in ihrem Sinn verstehen zu können.[61]

3.2 Lernkultur nach Argyris und Schön

Die Lernkultur als einer der drei wichtigsten integrativen Teile der Unternehmenskultur beeinflusst neben der Visions- und Führungskultur die gesamte Unternehmenskultur entscheidend.[62] Soziale Lernprozesse fördern die Wandelbarkeit eines Unternehmens durch neue Erfahrungen und Anpassungen an die sich ändernde Umwelt und ergeben die bestehende Unternehmenskultur.[63] Es existiert eine Wechselbeziehung zwischen Lernen und Kultur: Auf der einen Seite wird Kultur erlernt und auf der anderen Seite erfolgt

---

[57] Vgl.: Krapf, J.: (Stand: 03.04.2020), joel-krapf.com
[58] Vgl.: Greif, S., Hamborg, K.: 2014, S. 1134
[59] Vgl.: Homma, N. et al.: 2014, S. 7
[60] Vgl.: Lang, R., Baldauf, N.: 2016, S.7
[61] Vgl.: Wien, F., Franzke, N.: 2014, S. 30 f.
[62] Vgl.: Steckelberg, A.: 2011, S. 2
[63] Vgl.: Ritz, K.: 2012, S. 42

Lernen in einem kulturellem Rahmen.[64] Da die Unternehmenskultur als ein kollektives Handlungs- und Wahrnehmungsmuster der Unternehmensmitglieder betrachtet werden kann, stellt die Lernkultur die Kollektivierung solcher Muster in Bezug auf das Lernen dar. Lernkultur bildet also das Resultat eines kollektiven Lernprozesses.[65]

Durch Argyris und Schön wurde der Begriff der lernenden Organisation durch die Auffassung eingeführt, dass Organisationen auch als ganze und nicht nur als Summe des Lernens der einzelnen Mitglieder lernen können.[66] Hierbei haben sie verschiedene Stufen bzw. Arten organisationalen Lernens differenziert:[67]

Anpassungslernen (Einschleifen-Lernen/single loop learning)

Hier werden Abweichungen von vorgegebenen Zielen korrigiert.[68] Die Mitglieder lernen auf interne und externe Veränderungen zu reagieren, wobei die bisherigen Prozesse und Abläufe nicht verändert werden und Wertehaltungen und Zielsetzungen unberührt bleiben. Ein Beispiel hierfür ist die Reaktion auf eine Kundenreklamation, ohne hierbei etwas an den Abläufen zu ändern. Alles nimmt weiterhin seinen gewohnten Gang.[69]

Veränderungslernen (Zweischleifen-Lernen/double loop learning)

Hier wird eine Überarbeitung der Wertvorstellungen, Normen und Ziele vorgenommen.[70] Ein Beispiel hierfür, ist die Änderung des Produktionsziels oder die Überarbeitung des Produktportfolios um zur Befriedigung von Kundenbedürfnissen neue Produkte zu entwickeln.[71][72] Dabei werden bisherige Denkmodelle und Wahrnehmungsmuster aufarbeitet um einen neuen Soll-Zustand festzulegen. So werden neue Ideen für Prozesse und Produkte entwickelt, welche zu einer effizienteren Zielerreichung führen.[73]

---

[64] Vgl.: Ritz, K.: 2012, S. 56
[65] Vgl.: Krapf, J.: (Stand: 03.04.2020), joel-krapf.com
[66] Vgl.: Greif, S.: 2014, S. 1131
[67] Vgl.: Meier, C.: (Stand: 01.04.2020), scil.ch
[68] Vgl.: Franken, S.: 2019, S. 270
[69] Vgl.: Hagemann, K.: 2014, S. 72 f.
[70] Vgl.: Meier, C.: (Stand: 01.04.2020), scil.ch
[71] Vgl.: Wilkesmann, U.: 2004, S. 383
[72] Vgl.: Hagemann, K.: 2014, S 73
[73] Vgl.: Franken, S.: 2019, S. 270

Prozesslernen (Lernen zweiter Ordnung/deutero learning)

Diese Stufe des Lernens ist nach Argyris und Schön ein für Unternehmen nahezu unerreichbarer Lernmodus, welcher bedeutet, das Lernen selbst zu lernen.[74] Hierbei wird das bisherige Lernsystem überprüft, Schwachstellen aufgedeckt und zur Veränderung werden Maßnahmen ergriffen, die die Lernfähigkeit optimieren sollen.[75] So werden wie beim Single-Loop-Learning nicht nur Anpassungen zur Effizienzsteigerung durchgeführt, sondern wie beim Double-Loop-Learning auch Ziele zur Effektivitätsprüfung sowie Lernmechanismen evaluiert und optimiert.[76]

Werden alle drei Lernstufen beherrscht so wird ein Unternehmen in der Lage sein, langfristig lern- und damit wettbewerbsfähig zu sein. Durch Single-Loop-Learning und Double-Loop-Learning wird es einem Unternehmen ermöglicht, sich an neue Umweltbedingungen anzupassen und kleine Umwandlungen in Produkten, Strukturen und Prozessen vorzunehmen.[77]

3.3 Enkulturation und Sozialisation

Enkulturation stellt ein Spannungsverhältnis zwischen individueller und gesellschaftlicher Entwicklung dar, also ebenfalls eine Form von Lernen.[78] Jedes Individuum wird neutral und ohne Kultur geboren. Diese muss erst erlernt werden. Dieser Prozess des Hineinwachsens in die primäre kulturelle Umwelt, in die ein Individuum hineingeboren wird, bezeichnet man als Enkulturation. Durch sie entsteht die kulturelle Identität eines Menschen.[79] Dabei bedeutet Enkulturation mehr als die bloße Anpassung an die Kultur, in die man hineingeboren wurde, und die Übernahme dessen Traditionen. Vielmehr löst sie eine Aktivierung kultureller Produktivität und Kreativität aus.[80] Hierbei werden Rollen und Werte beim Lernen erworben und mit der Gesellschaft gemeinsam erprobt, weiterentwickelt und gestaltet. Enkulturation ist also mehr als eine

---

[74] Vgl.: Wilkesmann, U.: 2004, S. 383
[75] Vgl.: Meier, C.: (Stand: 01.04.2020), scil.ch
[76] Vgl.: Franken, S.: 2019, S. 270 f.
[77] Vgl.: ebenda
[78] Vgl.: Langenmeyer, I.: 2019, S. 59
[79] Vgl.: Oerter, R.: 2013, S. 68
[80] Vgl.: Raithel, J. et al.: 2009, S. 59

Übernahme von vorgefundenen Kulturelementen.[81] Wenn ein Individuum diese Kulturelemente wie z. B. Werte, Normen, Tradition und vor allem Sprache erfolgreich in seine Persönlichkeit integrieren kann, wird er zu einem aktiven Mitglied dieser Kultur.[82]

Enkulturation und Sozialisation sind miteinander stark zusammenhängende Begriffe. In der Literatur finden sich Definitionen, die sich kaum voneinander unterscheiden lassen, viele Überschneidungen haben oder sogar widersprüchlich scheinen, was eine klare Abgrenzung sehr erschwert. Raithel et al. kreisen die Sozialisation, Erziehung und Personalisation bzw. Individuation in die Enkulturation ein.[83] Sie grenzen die Sozialisation insofern von der Enkulturation ab, indem sie sagen, dass Sozialisation das Sozialwerden in einem milieuspezifischen Kontext darstellt, wohingegen Enkulturation das Sozialwerden in einem gesamtgesellschaftlichen, kulturellen Zusammenhang meint. Die Sozialisation bildet den Teil der Enkulturation, in dem die speziellen Normen und Werte der jeweiligen Gesellschaft oder Gruppe erlernt werden. Hierbei wir der Begriff der Erziehung der Sozialisation übergeordnet. Erziehung bedeutet hier Sozialmachung, während Sozialisation als Sozialwerdung aufgefasst wird, jedoch wird beides als Bestandteil der Enkulturation betrachtet.[84]

3.4 Die Rolle der Werte und kulturellen Praktiken

Die Enkulturation entsteht durch die Teilnahme an kulturellen Praktiken, die definiert sind als Handlungsweisen, in welchen sich die in der Kultur geteilten Grundprämissen, Normen und Werte äußern.[85][86] Praktiken zeigen sich vor allem daran, wie die Gesellschaft, Gruppe oder Organisation mit Normen, Werten und insbesondere Artefakten umgeht. Während Werte einen wünschenswerten Soll-Zustand angeben, liefern Praktiken Informationen über den Ist-Zustand bzw. über

---

[81] Vgl.: Langenmeyer, I.: 2019, S. 65
[82] Vgl.: Stangl, W.: (Stand: 03.04.2020), lexikon.stangl.eu
[83] Vgl.: Raithel, J. et al.: 2009, S. 59
[84] Vgl.: Raithel, J. et al.: 2009, S. 60 f.
[85] Vgl.: Hasselhorn, M. et al.: 2007, S. 430
[86] Vgl.: Lang, R. et al.: 2016, S. 7

die derzeitige Wahrnehmung der entsprechenden Kultur.[87] Übertragen auf die Unternehmenskultur stellen unternehmenskulturelle Praktiken ein Zeugnis bewährter Lösungswege dar, mit deren Hilfe ein Unternehmen seine Herausforderungen meistert.[88] Werte werden im Rahmen der Sozialisation oder Enkulturation unbewusst erlernt und dienen als Richtlinien für das Denken, Verhalten und Fühlen. Sie sind weniger rational als emotional und mehr subjektiv als objektiv. Aus diesem Grund äußern sich Werte in unbeugsamen Meinungen und Gefühlen, welche nicht zu diskutieren sind.[89]

3.5 Zusammenfassung

Abschließend wird folgend zusammengefasst der Zusammenhang der Begriffe Unternehmenskultur, Lernkultur, Enkulturation und Sozialisation aufgeführt: Unternehmenskultur als die Summe geteilter Grundprämissen, Normen und Werte, hat einen starken Einfluss auf das Handeln und Denken ihrer Organisationsmitglieder. Im Mittelpunkt stehen hier vor allem die unbewussten und bewussten Werte des Unternehmens, die den Mitgliedern eine Orientierung für ihr tägliches Handeln im Unternehmen bieten. Durch eine agile Lernkultur, die als gesonderter Teil der Unternehmenskultur zu verstehen ist, ist ein Unternehmen in der Lage sich an sich wandelnde Umweltbedingungen anzupassen und bleibt somit für die Zukunft wettbewerbsfähig. Bei einem neuen Mitarbeiter, der sich erst einarbeiten, -lernen und zurechtfinden muss und sich Tag für Tag weiter in das Unternehmen eingliedert, findet auch eine Art Sozialisation oder Enkulturation statt. Er passt sich an die Gegebenheiten an und wächst mit seinen Aufgaben hinein. Dies ist ein Prozess der nicht von heute auf morgen abgeschlossen ist. Der Mitarbeiter übernimmt unternehmenskulturelle Praktiken, welche ein Zeugnis bewährter Lösungswege angesichts schwieriger Herausforderungen darstellen. Praktiken bilden Handlungsweisen, in denen sich die im Unternehmen geteilten Grundprämissen, Werte und Normen äußern.

---

[87] Vgl.: ebenda
[88] Vgl.: Barmeyer, C.: 2012, S.52
[89] Vgl.: Barmeyer, C.: 2012, S. 53

Während die Werte Auskunft über den Soll-Zustand geben, repräsentieren die Praktiken den Ist-Zustand der Unternehmenskultur.

Abbildungsverzeichnis

Literaturverzeichnis

Achouri, C.: Human Ressource Management. Eine praxisbasierte Einführung. 2. Auflage. Springer Gabler. Wiesbaden 2015

Barmeyer, C.: Taschenlexikon Interkulturalität. Vandenhoek und Ruprecht Verlag. Göttingen 2012

Bauer, T., Arenberg, P.: Wirtschaftsethik. Studienbrief der SRH Riedlingen. Riedlingen 2018

Brodbeck, F. C.: Internationale Führung. Das GLOBE-Brevier in der Praxis. Springer Verlag. Berlin Heidelberg 2016

Brodbeck, F.: Die Suche nach universellen Führungsstandards: Herausforderungen im globalen Dorf. In: Wirtschaftspsychologie aktuell. Heft 1. 2008, S. 19-22

Brodbeck, F.: Navigationshilfe für internationales Change Management. Erkenntnisse aus dem GLOBE-Projekt. In: Organisationsentwicklung. Zeitschrift für Organisationsentwicklung und Change Management. Heft 3. 2006, S. 16-31

Conrad, C. A.: Wirtschaftsethik. Eine Voraussetzung für Produktivität. Springer Gabler. Wiesbaden 2016

Dm Drogeriemarkt GmbH & Co. KG.: Grundsätze. 2020. https://www.dm.de/unternehmen/ueber-uns/grundsaetze/ (Stand: 16.04.2020)

Dm Drogeriemarkt GmbH & Co. KG.: Händlerische Kompetenz und Wertvorstellungen. 2020. https://www.dm.de/unternehmen/ueber-uns/kurzportraet/ (Stand: 16.04.2020)

Franken, S.: Verhaltensorientierte Führung. Handeln, Lernen und Diversity in Unternehmen. 4. Auflage. Springer Gabler. Wiesbaden 2019

Frankena, W. K.: Ethik. Eine analytische Einführung. 6. Auflage. Springer VS. Wiesbaden 2017

Greif, S. & Hamborg, K.: Organisationskultur. In M. A. Wirtz (Hrsg.), Dorsch – Lexikon der Psychologie. 18. Auflage. S. 1134. Hogrefe Verlag. Bern 2014

Hagemann, K., Priebe, M., Berger, T.: Unternehmenskultur und interkulturelles Management. Studienbrief der SRH Riedlingen. Riedlingen 2014

Hasselhorn, M., Schneider, W.: Handbuch der Entwicklungspsychologie. Hogrefe Verlag. Göttingen 2007

Holzmann, R.: Wirtschaftsethik. 2. Auflage. Springer Gabler 2015

Homma, N., Bauschke, R., Hofmann, L.: Einführung in die Unternehmenskultur. Grundlagen, Perspektiven, Konsequenzen. Springer Gabler. Wiesbaden 2014

House, R. et al: Cultural Influences and Leadership and Organizations: Project Globe In: Advances in Global Leadership Heft 1, 1999, S. 171-233

Kodydek, G.: Nachwuchsführungskräfte in multikulturellen Gruppen. Ein interkulturelles Experiment. PL Academic Research 2014

Krapf, J.: Was ist Lernkultur und warum? 2016. https://joel-krapf.com/2016/10/09/was-ist-lernkultur-und-warum/ (Stand: 03.04.2020)

Krisch-Hutterer, R.: Grundriss der Psychotherapieethik. Praxisrelevanz, Behandlungsfehler und Wirksamkeit. Springer. Wien New York 2007

Kutscher, M., Schmid, S.: Internationales Management. Oldenburg Wissenschaftsverlag. Oldenburg 2008

Kuttner, A.: Ökonomisches Denken und Ethisches Handeln. Ideengeschichtliche Aporien der Wirtschaftsethik. Springer VS. Wiesbaden 2015.

Lang, R., Baldauf, N.: Studienwissen kompakt. Interkulturelles Management. Springer Fachmedien. Wiesbaden 2016

Langenmeyer, I.: Enkulturation in die Wissenschaft durch forschungsorientiertes Lehren und Lernen. In: Forschendes Lernen in den Geisteswissenschaften. Springer Fachmedien. Wiesbaden 2019

Lüthy, H.: Die Fairness-Formel. Freiheit und Gerechtigkeit in der Wirtschaft und Zukunft. Springer. Wiesbaden 2016

Meier, C.: Lernende Organisation und organisationales Lernen. 2019. https://www.scil.ch/2019/12/05/digitalisierung-lernkultur-und-lernende-organisation/ (Stand: 01.04.2020)

Oerter, R.: Der Aufbau kultureller Identität im Spannungsfeld von Enkulturation und Akkulturation. In: Genova, P., et al.: Handbuch Stress und Kultur. Springer Fachmedien. Wiesbaden 2013

Pleger, W.: Das gute Leben. Eine Einführung in die Ethik. 2. Auflage. J. B. Metzler. Berlin 2020

Raithel, J., Dollinger, B., Hörmann, G.: Einführung Pädagogik. Begriffe. Strömungen. Klassiker. Fachrichtungen. 3. Auflage. VS Verlag für Sozialwissenschaften. Wiesbaden 2009

Reimer, A.: Die Bedeutung der Kulturtheorie von Geert Hofstede für das internationale Management. Wismarer Diskussionspapiere (20). Hochschule Wismar, Wismar Business School 2007

Ritz, K.: Kulturbewusste Personalentwicklung in werteorientierten Unternehmen. Theorie und Empirie Lebenslangen Lernens. Springer. Wiesbaden 2012

Russel-Walling, E.: Management, 50 Schlüsselideen. Spektrum 2007

Stangl, W.: Online Lexikon für Psychologie und Pädagogik. Stichwort: Enkulturation. Lexikon.stangl.eu/1107/enkulturation/ (Stand: 03.04.2020)

Steckelberg, A.: Stärkung der Lernkultur im Unternehmen. Entdeckung von Potenzialen des PMBOK. Springer Gabler. Wiesbaden 2011

Steyerer, J., Schiffinger, M., Lang, R.: Ideal- und Realbild von Führung. Zum Zusammenhang zwischen Führungswahrnehmung, organisationalem Commitment und Unternehmenserfolg. In: Zeitschrift für Management. Heft 4. 2007, S. 402-434

Weiß, G., Zirfas, J.: Handbuch Bildungs- und Erziehungsphilosophie. Springer VS. Wiesbaden 2020

Wien, A., Franzke, N.: Unternehmenskultur. Zielorientierte Unternehmensethik als entscheidender Erfolgsfaktor. Springer Gabler. Wiesbaden 2014

Wilkesmann, U.: Lernende Organisation, Wissensmanagement und Lernkulturentwicklung – schöne Worte oder mehr? In: Zeitschrift für Berufs- und Wirtschaftspädagogik. Heft 3. Franz Steiner Verlag. Wiesbaden 2004, S. 383-397

Wöhe, G., Döring, U.: Einführung in die Allgemeine Betriebswirtschaftslehre. 24. Auflage. Verlag Franz Vahlen. München 2010